Mejora tu ortografía y gramática en tiempo récord

Antonio Adames Abreu

Published by Antonio Adames Abreu, 2023.

While every precaution has been taken in the preparation of this book, the publisher assumes no responsibility for errors or omissions, or for damages resulting from the use of the information contained herein.

MEJORA TU ORTOGRAFÍA Y GRAMÁTICA EN TIEMPO RÉCORD

First edition. August 13, 2023.

ISBN: 979-8223907725

Written by Antonio Adames Abreu.

Also by Antonio Adames Abreu

El Bosque Mágico de los Secretos
Mejora tu ortografía y gramática en tiempo récord
Recetas de cocina para una vida saludable

Tabla de Contenido

MEJORA TU ORTOGRAFÍA Y GRAMÁTICA EN TIEMPO RÉCORD

ANTONIO ADAMES ABREU

Índice

Prólogo:

Bienvenido a este libro dedicado a la gramática y ortografía, dos pilares fundamentales de la comunicación escrita. Desde la invención de la escritura, el ser humano ha utilizado las palabras como vehículo para expresar sus pensamientos, emociones e ideas más profundas. La magia de las letras y las frases reside en su capacidad para trascender el tiempo y el espacio, conectando a las personas a lo largo de la historia y el mundo.

Sin embargo, en este mundo moderno de mensajes rápidos y comunicación digital, la gramática y la ortografía a menudo han sido relegadas a un segundo plano. Hemos sido testigos de la aparición de abreviaciones y errores lingüísticos, lo que ha llevado a una degradación de la calidad de nuestro discurso escrito. La importancia de una comunicación clara y precisa no puede ser subestimada, ya que es la base sobre la cual se construyen relaciones, negocios y avances en la sociedad.

Este libro nace de una convicción profunda: que la maestría en la gramática y la ortografía es un arte que se puede aprender y dominar. No es un territorio reservado exclusivamente para los eruditos o lingüistas, sino una habilidad accesible para todos aquellos que están dispuestos a emprender este apasionante viaje.

Así que, sin más preámbulos, te invitamos a sumergirte en estas páginas y a descubrir un mundo lleno de posibilidades, donde cada palabra correcta es un paso más cerca de la excelencia lingüística. ¡Empecemos este apasionante viaje hacia el arte de escribir con brillo y elegancia!

Introducción

En el vasto universo de la lengua escrita, la correcta ortografía y gramática constituyen los cimientos indispensables para una comunicación clara y efectiva. Este libro tiene como objetivo brindar a los estudiantes del nivel secundario y universitario una herramienta completa para dominar estos aspectos fundamentales del lenguaje, permitiéndoles desenvolverse con confianza y precisión en cualquier ámbito académico o profesional.

A lo largo de sus páginas, exploraremos distintos aspectos vitales para mejorar la expresión escrita y pulir el arte de la comunicación. Desde los principios básicos de la ortografía, hasta las sutilezas de los signos de puntuación, nos adentraremos en el mundo de las palabras y su correcta disposición en el texto.

Los puntos que estaremos abordando en este majestuoso libro son los siguientes:

1- El lenguaje: En este primer apartado, daremos un paseo por el vasto y fascinante mundo del lenguaje. abordaremos la importancia de la comunicación efectiva y la relevancia de la escritura en nuestra sociedad actual. Conoceremos cómo el lenguaje es capaz de reflejar la diversidad de pensamientos y culturas, y cómo su correcta expresión es un pilar esencial para el éxito en diversos ámbitos de la vida.

2- La ortografía: En este primer capítulo, nos sumergiremos en las reglas y convenciones que rigen la escritura correcta de las palabras. Abordaremos las normas básicas de acentuación, las diferencias entre palabras homónimas y parónimas, así como también la correcta separación de sílabas y la puntuación.

3- Signos de puntuación: Los signos de puntuación son el alma del discurso escrito. En este capítulo, analizaremos el papel crucial que desempeñan en la organización y estructura de las oraciones y párrafos. Desde el punto y coma hasta el guion, comprenderemos cómo cada uno contribuye a la claridad y cohesión del texto.

4- Ortografía de las letras: Las letras conforman el alfabeto, y conocer cómo se combinan para formar palabras correctas es esencial. En este apartado, nos enfocaremos en los pilares que sostienen la correcta escritura de las palabras. Exploraremos las reglas y particularidades que rigen la ortografía de cada letra del alfabeto.

5- Dificultades gramaticales: En este primer apartado, nos enfrentaremos a los desafíos que a menudo surgen en el uso de la gramática. Desde los errores comunes en la concordancia de género y número, hasta las trampas gramaticales que se ocultan en la formación de los tiempos verbales, abordaremos de manera práctica y ejemplificada aquellos aspectos que suelen generar confusión. Al final de este capítulo, los lectores estarán equipados con las herramientas necesarias para sortear estas dificultades y lograr una gramática más precisa.

6- Palabras o expresiones que pueden ocasionar dudas: En el segundo capítulo, pondremos bajo el microscopio aquellas palabras y expresiones que tenderán a causar incertidumbre. Desde las diferencias sutiles en el uso de homónimos y parónimos, hasta las particularidades en el empleo de sinónimos y antónimos, analizaremos minuciosamente estas inquietudes lingüísticas. A través de ejemplos prácticos y ejercicios interactivos, los lectores desarrollarán una comprensión profunda y afianzarán su capacidad para seleccionar las palabras adecuadas en cada contexto.

7-Las Partes de la Oración: En el último tramo de nuestro recorrido, exploraremos la anatomía de las oraciones y su estructura interna. Conoceremos las distintas partes de la oración, como el sujeto, el predicado, los complementos y los modificadores. Entenderemos cómo cada componente contribuye a la cohesión y cohesión del mensaje. A través de ejemplos y análisis, los lectores se cambiarán en arquitectos del lenguaje

Este libro es una invitación a explorar y desentrañar el arte de la escritura, a adquirir las habilidades necesarias para expresarnos con confianza y fluidez, ya abrazar la belleza de la comunicación efectiva. A lo largo de este viaje educativo, los lectores estarán acompañados por el conocimiento y la experiencia, con la promesa de un lenguaje que se erige como un puente hacia nuevas conexiones y oportunidades.

Esperamos que esta obra sea una valiosa compañera en el camino hacia el dominio de la ortografía y gramática, capacitando a los estudiantes del nivel secundario y universitario para que sus palabras trasciendan las páginas y dejen una huella imborrable en el mundo.

¡Comencemos juntos este apasionante viaje hacia el arte de la escritura magistral y envolvente!

"El lenguaje es la llave maestra que abre las puertas del entendimiento y el conocimiento."

Albert Einstein.

EL LENGUAJE:

E

l lenguaje es una habilidad humana fundamental que nos permite comunicarnos, expresar ideas, emociones, pensamientos y compartir información de manera oral, escrita a través de gestos y símbolos. Es una herramienta poderosa que nos distingue como especie y nos permite interactuar con el mundo que nos rodea.

En su forma más básica, el lenguaje consiste en un sistema de símbolos y reglas que no permiten representar y transmitir significados. Estos símbolos pueden ser palabras, letras, gestos, señales u otros elementos que tienen un significado acordado entre las personas que comparten el mismo lenguaje.

El lenguaje es un medio de comunicación esencial para la sociedad, ya que nos permite transmitir conocimiento y cultura de generación en generación. A través del lenguaje, podemos aprender sobre la historia, las tradiciones, la ciencia, el arte y muchos otros aspectos de la vida humana.

Además de su función comunicativa, el lenguaje también tiene un papel crucial en el desarrollo del pensamiento. Al expresar nuestras ideas y reflexionar sobre ellas, fortalecemos la capacidad de razonamiento y comprensión del mundo.

Existen diferentes tipos de lenguaje, como el lenguaje oral, el lenguaje escrito y el lenguaje corporal. Cada uno de ellos tiene sus características particulares y su importancia en la comunicación cotidiana.

El proceso de adquirir el lenguaje comienza desde el nacimiento, cuando los bebés empiezan a percibir sonidos y aprender las estructuras básicas del lenguaje que se habla en su entorno. A medida que crecemos, seguimos desarrollando nuestras habilidades lingüísticas a través de la interacción con otros y la exposición a diferentes formas de expresión.

El lenguaje también es dinámico y está en constante evolución. Surgen nuevas palabras y expresiones para adaptarse a los cambios sociales, tecnológicos y culturales. Es importante mantenernos actualizados y seguir aprendiendo para mejorar nuestra comunicación y comprensión.

Es una herramienta poderosa para influir en los demás, ya sea para inspirar, persuadir o transmitir emociones. Por esta razón, es fundamental usar el lenguaje de manera responsable y respetuosa, teniendo en cuenta el impacto que nuestras palabras pueden tener en los demás.

En conclusión, el lenguaje es un tesoro invaluable que nos permite conectarnos con el mundo y con los demás. Es una habilidad que debemos cultivar y valorar, ya que su dominio nos abrirá puertas a nuevas oportunidades y enriquecerá nuestra experiencia como seres humanos.

LA ORTOGRAFÍA:

E

l objetivo principal de la ortografía es asegurar que nuestras expresiones escritas sean claras, comprensibles y respeten las normas establecidas en la lengua. De esta manera, al aplicar las reglas de ortografía, evitamos confusiones y facilitamos la comunicación entre las personas.

La ortografía es una habilidad esencial para mejorar nuestra expresión escrita y desarrollar una comunicación efectiva en diferentes contextos, como en la escuela, en el trabajo y en nuestra vida diaria.

Conocer y aplicar correctamente las reglas de ortografía nos permite presentar trabajos escolares y documentos de manera más profesional, lo que a su vez nos ayuda a obtener mejores calificaciones y progresar académicamente.

Además de mejorar nuestra escritura, el dominio de la ortografía nos brinda seguridad en nuestra comunicación, ya que evita que cometamos errores que puedan afectar la comprensión de nuestros mensajes.

La práctica constante y el interés por nuestra ortografía son fundamentales para perfeccionar esta habilidad. Al leer con atención y escribir periódicamente, podemos identificar nuestras debilidades y mejorar gradualmente nuestra destreza en la escritura.

La ortografía no solo se enfoca en las reglas, sino también en el respeto por la coherencia y la cohesión en nuestros textos. Es importante organizar nuestras ideas de manera

lógica y presentarlas de forma ordenada para que nuestros escritos sean más efectivos y fáciles de entender.

En resumen, la ortografía es una herramienta valiosa que nos permite escribir correctamente y mejorar nuestra comunicación escrita. A través de su práctica constante, nos convertimos en escritores más hábiles y seguros, lo que nos beneficia en nuestra educación y en nuestras interacciones sociales y profesionales.

Las palabras:

Las palabras son unidades lingüísticas fundamentales utilizadas para expresar ideas, conceptos, emociones o cualquier tipo de información. Son la base de la comunicación oral y escrita, permitiendo a las personas interactuar y compartir significados. Cada palabra tiene su propio significado y puede combinarse con otras para formar oraciones y textos más complejos.

Ejemplos de palabras simples incluyen: "sol", "luna", "amor", "casa", "correr", "felicidad", entre otras. Estas representan palabras objetos, acciones o estados específicos.

Además de las palabras simples, también hay palabras compuestas, que se forman al combinar dos o más palabras para crear un nuevo término con un significado específico. Ejemplos de palabras compuestas son: "salvavidas" (salva + vidas), "cumpleaños" (cumple + años), "abrelatas" (abre + latas), entre otros.

También pueden tener diferentes connotaciones o denotaciones según el contexto en el que se utilicen. Por ejemplo, la palabra "oso" puede denotar un animal peludo y grande de la familia de los mamíferos, pero también puede tener connotaciones positivas o negativas, dependiendo del contexto en el que se utilice. Si decimos "es tan tierno como un oso", la connotación es positiva, pero si decimos "se comporta como un oso", la connotación podría ser negativa, indicando que esa persona tiene un comportamiento brusco o agresivo.

Además, pueden ser polisémicas, lo que significa que tienen múltiples significados relacionados entre sí. Por ejemplo, la palabra "banco" puede referirse a un lugar donde las personas guardan su dinero (institución financiera) o un asiento largo para varias personas, como en un parque.

Estas pueden cambiar su significado con el tiempo o adquirir nuevos significados a través del uso. Por ejemplo, la palabra "tablet" en inglés solía usarse a una tablilla de escritura, pero en la era moderna, se utiliza habitualmente para describir dispositivos electrónicos como las tabletas digitales.

Las palabras son elementos cruciales en el lenguaje, y su comprensión y uso adecuado son fundamentales para una comunicación efectiva entre las personas. A través de ellas, podemos expresar ideas, compartir conocimientos, emociones y construir narrativas que nos conecten como seres humanos. La evolución y riqueza de las palabras hacen que el lenguaje sea una herramienta poderosa para la expresión y la comprensión del mundo que nos rodea.

Las silabas:

Una sílaba es una unidad fonológica que se forma con un conjunto de sonidos articulados que se pronuncian juntos en una sola emisión de voz. En el lenguaje escrito, las sílabas se separan por guiones o puntos para facilitar la lectura y comprensión.

Ejemplos de palabras divididas en sílabas:

1. A-mi-go
2. Re-loj
3. Co-mu-ni-ca-ción
4. Es-tu-dian-te
5. pla-ya
6. Ser-pien-te
7. ven-ta-na
8. poli-ti-ca
9. In-for-má-ti-ca
10. Ex-ce-len-te

Recuerda que, en español, generalmente se sigue el principio de que cada voz forma parte de una sílaba. En ocasiones, pueden existir reglas de separación silábica como diptongos, triptongos o hiatos, que pueden alterar la división tradicional. Sin embargo, estos ejemplos siguen las divisiones silábicas más comunes.

Según el número de sílabas, las palabras se pueden clasificar en:

1. **Monosílabas**: Son palabras que constan de una sola sílaba. Ejemplos:
    - Sol
    - Que
    - Sal
    - Luz

2. **Bisílabas**: Son palabras que tienen dos sílabas. Ejemplos:
    - Casa
    - Baja
    - Perros
    - Lápiz

3. **Trisílabas**: Son palabras que contienen tres sílabas. Ejemplos:
    - ventana
    - Manzana
    - Cuchillo
    - Camino

4. **Cuatrisílabas**: Son palabras con cuatro sílabas. Ejemplos:
    - Cartílago
    - Bolígrafo
    - teléfono
    - Mantenido

5. **Polisílabas**: Son palabras que tienen más de cuatro sílabas. Ejemplos:
    - Mantenimiento
    - monosílabas
    - Fundamentales
    - Feminicidio

Es importante tener en cuenta que la clasificación de las palabras según el número de sílabas puede variar según la pronunciación y el acento regional. Algunas palabras pueden requerir bisílabas en un acento específico y trisílabas en otro, pero en general, esta clasificación sigue siendo útil para entender la estructura fonética de las palabras en el idioma español.

Las vocales:

"Las vocales" son un conjunto de sonidos fonéticos que forman parte de los elementos básicos de un idioma. En español, existen cinco vocales: "a", "e", "i", "o" y "u". Estas vocales son fundamentales para la pronunciación y la escritura de palabras en el idioma español.

Ejemplos de palabras con cada una de las vocales:

1. "A": casa, amarillo, playa, gato, pan.
2. "E": mesa, perro, ventana, leche, pez.
3. "Yo": libro, iglesia, niño, cine, tigre.
4. "O": sol, coche, perro, lobo, montaña.
5. "U": uva, azul, burro, murciélago, nube.

En muchas palabras, las vocales se combinan para formar sílabas y, en última instancia, las palabras completas que utilizamos en nuestro lenguaje cotidiano. Es importante tener en cuenta que las vocales también pueden llevar acentos diacríticos, lo que puede cambiar el significado y la pronunciación de las palabras.

Las vocales se dividen en dos grupos principales:

vocales fuertes y vocales débiles (también conocidas como vocales átonas). Esta clasificación se basa en la intensidad o fuerza con la que se pronuncian las vocales en una palabra y su posición en la sílaba. Veamos en detalle cada grupo:

1. Vocales Fuertes: Son las vocales que tienen mayor intensidad de pronunciación y son independientes en sí mismas. Las vocales

fuertes son "a", "e" y "o". Se llaman así porque pueden formar sílabas por sí solas.

Ejemplos:

- "A": casa, gato, agua.
- "E": mesa, perro, verde.
- "O": sol, coche, nube.

1. Vocales Débiles o Átonas: Son las vocales que tienen una pronunciación más suave y suelen formar diptongos o triptongos con otras vocales. Las vocales débiles son "i" y "u". También se les llama átonas porque en algunas palabras no llevan el acento tónico.

Ejemplos:

- "I": piso, silla, mirar.
- "U": lugar, cuidado, murciélago.

Diptongo: es una combinación de dos vocales que se pronuncian juntas en una misma sílaba, formando un solo sonido. La primera vocal es siempre una vocal débil (i, u) y la segunda es una vocal fuerte (a, e, o). Esta unión de vocales ocurre en una misma sílaba, y no se separan al pronunciar la palabra. Ejemplos de diptongos en español son "cielo", "puerta", "viuda" y "boina". En cada caso, la unión de las vocales crea un solo sonido en una única sílaba.

Un triptongo: es una secuencia de tres vocales que se pronuncian juntas en una misma sílaba, formando un solo sonido. Esta combinación se da cuando una vocal débil (i, u) se encuentra entre dos vocales fuertes (a, e, o), y todas ellas forman parte única de una sílaba en la pronunciación de la palabra. Ejemplos de triptongos en español son: averiguáis, Uruguay, buey, Paraguay. En cada caso, las tres vocales se articulan como un único sonido, manteniéndose dentro de la misma sílaba y aportando fluidez a la pronunciación de la palabra.

El acento:

"El acento" es un concepto lingüístico que se refiere a la énfasis o prominencia que se coloca en una sílaba específica de una palabra al pronunciarla. Es una característica presente en muchas lenguas y juega un papel fundamental en la correcta articulación y comprensión del idioma hablado. La colocación del acento puede variar según el idioma y puede afectar significativamente la pronunciación y el significado de las palabras.

Existen dos tipos de acento: el acento prosódico y el acento ortográfico. El primero es el acento natural que recae en una sílaba debido a la estructura intrínseca de la palabra. Por lo general, recae en una tónica vocal y no lleva una marca escrita. El segundo, el acento ortográfico, se marca con un acento escrito (′) y se utiliza para indicar irregularidades en la pronunciación o diferenciar palabras que se escriben de manera similar, pero tienen significados distintos.

La posición del acento puede cambiar radicalmente el sentido de una palabra. Por ejemplo, "papá" (con acento en la última sílaba) se refiere a "dad" en inglés, mientras que "papa" (sin acento) significa "potato". Es esencial comprender y aplicar correctamente los acentos al hablar y escribir en español para evitar confusiones y garantizar una comunicación efectiva.

Los acentos también tienen una función en la poesía y la métrica, donde se utilizan para mantener el ritmo y la cadencia del verso. Además, en algunos idiomas, como el francés o el italiano, los acentos pueden aparecer en consonantes para cambiar la pronunciación y el significado de las palabras.

Es importante tener en cuenta que el acento no debe confundirse con la entonación. Mientras que el acento se refiere al énfasis en una sílaba específica de una palabra, la entonación se refiere al patrón melódico y la variación de tono en el habla, que puede afectar el significado de una oración completa. La entonación puede dar lugar a preguntas, afirmaciones o expresiones emocionales.

Además, aprender a reconocer y aplicar los acentos correctamente es una parte esencial del proceso de aprendizaje de cualquier idioma extranjero. Esto implica desarrollar la habilidad de identificar las sílabas tónicas y las reglas de acentuación específicas del idioma en cuestión. Al dominar los acentos, los hablantes pueden comunicarse con mayor precisión y claridad, lo que facilita la comprensión y la interacción con hablantes nativos.

Según la posición de la sílaba tónica- señalada con tilde o mediante la simple elevación del tono de voz, las palabras se clasifican en:

Agudas:

Las "palabras agudas" son un tipo de palabras en español que se caracterizan por tener el acento tónico en la última sílaba. La sílaba tónica es aquella en la que recae el mayor énfasis al pronunciar la palabra. En las palabras agudas, este acento recae en el último sonido de la palabra. Por lo tanto, es importante tener en cuenta que estas palabras son acentuadas de forma natural en su última sílaba y, en la escritura, llevan una tilde (acento ortográfico) en la última voz si esta es una voz abierta (a, e, o) o una vocal cerrada tónica (í, ú). No llevan tilde si la última voz es una voz cerrada átona (i, u) o una voz abierta (e, o) en caso de ser monosílabas.

Un ejemplo claro de una palabra aguda es "re**loj**". La palabra tiene dos sílabas, "re" y "loj", y el acento recae en la última sílaba "loj", por lo que se le añade una tilde sobre la "o" para indicar que es una palabra aguda: "reloj".

Otro ejemplo es "ca**fé**". La palabra consta de dos sílabas, "ca" y "fé", y el acento tónico se encuentra en la última sílaba "fé". Por lo tanto, lleva una tilde sobre la "é" para indicar que es una palabra aguda: "café".

Las palabras agudas también pueden ser monosílabas, como "sol" o "par". En estos casos, no llevan tilde porque no hay otra sílaba a la que se pueda cambiar el acento.

Es importante reconocer las palabras agudas, ya que su acentuación puede cambiar su significado o su función gramatical en ciertos contextos. Además, conozca las reglas de acentuación en español nos permite pronunciar correctamente las palabras y evitar errores ortográficos en la escritura. En resumen, las palabras agudas son un tipo de palabras en español cuyo acento tónico recae en la última sílaba, y se marcan con una tilde en la última vocal si es una vocal abierta o una vocal cerrada tónica. Conocer estas reglas es fundamental para comunicarnos con precisión y claridad en el idioma español.

Graves o llanas:

Las palabras graves o llanas tienen su mayor elevación de voz en la penúltima sílaba. Ejemplos. **Ca**sa, **dé**bil, **Car**men, **jue**ves.

Llevan acento autográfico las palabras graves o llanas cuando terminan en consonantes que no sean n o s. Ejemplo: **Cá**diz **fá**cil **dó**lar, ca**rác**ter, memo**rán**dum, **tó**rax, a**zú**car.

Las palabras llanas llevan acento cuando finalizan en dos vocales, siendo la primera cerrada o débil (i-u) y sobre ella recae la pronunciación. Esto se cumple, aunque vayan seguidas de n o s, o bien vocal final.

Ejemplos: poes**í**a, gr**ú**a. Act**ú**o.

También como excepción, llevan acento ortográfico las siguientes palabras. graves o llanas: fórceps bíceps, récords, memorándum.

Esdrújulas:

Las "palabras esdrújulas" son un tipo de palabras en español que se caracterizan por tener el acento tónico en la antepenúltima sílaba. Esto significa que el énfasis recae en el tercer sonido desde el final de la palabra. A diferencia de las palabras agudas y graves, las palabras esdrújulas siempre llevan tilde (acento ortográfico) en la vocal acentuada, ya que siguen una regla de acentuación específica.

Un ejemplo claro de una palabra esdrújula es "página". La palabra tiene tres sílabas, "pá", "gi" y "na", y el acento tónico se encuentra en la antepenúltima sílaba "pá". Debido a que es una palabra esdrújula, lleva tilde en la vocal acentuada: "página".

Otro ejemplo es "música". La palabra consta de tres sílabas, "mú", "si" y "ca", y el acento recae en la antepenúltima sílaba "mú". Al ser una palabra esdrújula, lleva tilde en la vocal acentuada: "música".

Las palabras esdrújulas son menos comunes que las agudas y graves en español, pero son importantes de reconocer porque siempre llevan tilde en su tónica vocal. Algunos otros ejemplos de palabras esdrújulas incluyen: "público", "técnico", "álgebra", "cómico", "lápices", "método" y "pétalo".

En la escritura, es relevante colocar la tilde en las palabras esdrújulas para indicar la correcta pronunciación y acentuación. A diferencia de las agudas y graves, no hay excepciones en las reglas de acentuación para las palabras esdrújulas, lo que facilita su identificación y aplicación.

el y él:

La palabra "el" es un artículo determinado masculino singular en español, que se utiliza para referirse a un sustantivo masculino singular en una forma general o específica. La tilde en "el" depende de su función gramatical en la oración y de la palabra que le sigue.

1. **Sin tilde ("el"):** El artículo "el" lleva una tilde diacrítica cuando precede a un sustantivo masculino singular que comienza con una vocal o con la letra "h". La tilde se utiliza para diferenciarlo del artículo "él", que es el pronombre personal de tercera persona del singular. Aquí tienes algunos ejemplos:
   - "El perro corre en el parque".
   - "El árbol es grande".
   - "El hombre es alto".
   - "El huevo está fresco".
   - "El amigo es simpático".

2. **Con tilde ("él"):** El pronombre personal "él" lleva tilde para distinguirlo del artículo "el". Se utiliza para recitar a una persona o cosa de género masculino en tercera persona singular. Aquí tienes algunos ejemplos:

- ◦ "Él es mi hermano."
- ◦ "¿Has visto a Juan? Sí, él está en la fiesta."
- ◦ "Juan dijo que él vendría más tarde".
- ◦ "Mi jefe es muy inteligente; él siempre encuentra soluciones".

tu y tú:

La palabra "tu" es un pronombre posesivo que se utiliza para indicar posesión o pertenencia en español. La tilde en "tu" depende de su función gramatical en la oración y de cómo se usa en contexto.

1. **Sin tilde ("tu")**: El pronombre posesivo "tu" lleva una tilde diacrítica cuando se usa para referirse a "tu", es decir, cuando indica posesión o pertenencia. Se utiliza para referirse a la segunda persona del singular (tú) y se diferencia del adjetivo posesivo "tú", que también se refiere a la segunda persona del singular pero no lleva tilde. Aquí tienes algunos ejemplos:
   - ◦ "Este es tu libro."
   - ◦ "¿Dónde está tu coche?"
   - ◦ "Tu camiseta es azul".
   - ◦ Habla con tu hermano.
2. **Con tilde ("tú")**: El pronombre personal "tú" lleva tilde para distinguirlo del pronombre posesivo "tu". "Tú" se utiliza para referirse a la segunda persona del singular y funciona como el sujeto de la oración o como el objeto directo o indirecto. Aquí tienes algunos ejemplos:
   - ◦ "Tú eres mi mejor amigo".
   - ◦ "¿Tú sabes cocinar?"
   - ◦ "Te estoy esperando a ti".
   - ◦ "Voy a hablar contigo".

mi y mí:

La palabra "mi" es un pronombre posesivo que se utiliza para indicar posesión o pertenencia en español. La tilde en "mi" depende de su función gramatical en la oración y de cómo se usa en contexto.

1. Sin tilde ("mi"): El pronombre posesivo "mi" no lleva tilde y se utiliza cuando se refiere a la primera persona del singular (yo). Indica posesión o pertenencia y se coloca delante de un sustantivo para expresar que algo pertenece a la persona que habla. Aquí tienes algunos ejemplos:
   - "Esta es mi casa".
   - "Mi coche es azul".
   - Sal a dar un paseo con mi perro.
   - "Mi hermana es muy inteligente".
2. **Con tilde ("mí")**: El pronombre personal "mí" lleva tilde para diferenciarse del pronombre posesivo "mi". "Mí" se utiliza como objeto indirecto y se refiere a la primera persona del singular, indicando a quién beneficia o afecta una acción. Aquí tienes algunos ejemplos:
   - "Compra un regalo para mí."
   - "Prepara un café para mí, por favor".
   - "Este libro es para mí".
   - "Voy a hablar contigo y contigo, pero no contigo a mí".

Es importante tener en cuenta la diferencia entre "mi" (sin tilde), que es un pronombre posesivo, y "mí" (con tilde), que es un pronombre personal de objeto indirecto. Usar la tilde en "mí" es necesario para evitar confusiones en la escritura y comprensión de las oraciones.

de y de:

1. **Sin tilde ("de")**: La preposición "de" se escribe sin tilde en su

forma más común y se utiliza para indicar relación, posesión, origen, contenido, entre otras funciones.

Ejemplos de uso de la preposición "de" sin tilde:

- "El libro de María está en la mesa". (Relación de posesión)
- "Salimos de la casa temprano". (Origen o procedencia)
- "Una taza de café caliente". (Contenido)
- "Estoy cansado de tanto trabajo." (Causa)
- "El libro de historia es interesante". (Especificación)

1. **Con tilde ("dé")**: La palabra "dé" lleva tilde cuando se trata del verbo dar conjugado en la tercera persona del singular del presente de subjuntivo.

Ejemplos de uso del verbo "dar" conjugado en presente de subjuntivo:

- "Espero que él me dé un regalo." (Tercera persona del singular del presente de subjuntivo)

Es importante tener en cuenta que "de" y "dé" son palabras diferentes y su significado y función gramatical varían. La preposición "de" es muy común en español y se escribe sin tilde en todas sus formas, mientras que "dé" es la forma conjugada del verbo "dar" en el presente de subjuntivo y lleva tilde en la letra "é".

se y sé:

La palabra "se" es un pronombre reflexivo y un pronombre recíproco en español. La tilde en "se" depende de su función gramatical en la oración y de cómo se use en contexto.

1. **Sin tilde ("se")**: La forma "se" se escribe sin tilde cuando se utiliza como pronombre reflexivo, es decir, cuando se refiere a la misma persona o cosa que realiza la acción del verbo. También

se usa en oraciones impersonales y pasivas reflejadas.

Ejemplos de uso de "se" sin tilde como pronombre reflexivo:

- "Juan se peina todos los días". (Juan realiza la acción de peinarse a sí mismo).
- "El niño se lava las manos". (El niño realiza la acción de lavarse las manos).
- "Aquí se habla español". (Oración impersonal que indica que en este lugar se habla español).
- "Se vendieron todas las entradas." (Oración pasiva refleja, sin un sujeto explícito).

1. **Con tilde ("sé")**: La forma "sé" lleva tilde cuando se trata del verbo "saber" conjugado en la primera persona del singular del presente de indicativo.

Ejemplos de uso del verbo "saber" conjugado en primera persona del singular:

- "Yo sé la respuesta". (Indica que tengo conocimiento de la respuesta).
- "No sé dónde está mi libro". (Expresa que no tengo información sobre la ubicación de mi libro).

mas y más:

La palabra "mas" puede llevar o no llevar tilde dependiendo de su función gramatical en la oración.

1. **Sin tilde ("mas")**: La forma "mas" sin tilde es una conjunción adversativa que se utiliza para expresar contraste o añadir una idea que se opone a la anterior. En este caso, "mas" es sinónimo de "pero" o "sino".

Ejemplos de uso de "mas" sin tilde como conjunción adversativa:

- "Quiero salir a jugar, mas tengo que hacer mi tarea primero."
- "No me gusta el helado de chocolate, mas prefiero el de vainilla."
- "No es un perro agresivo, mas hay que tener cuidado cuando se le acerca otro animal."

1. **Con tilde ("más")**: La forma "más" con tilde puede tener varias funciones en español:

a. Adverbio de cantidad: Indica que algo es superior en cantidad, número o grado.

Ejemplos de uso de "más" con tilde como adverbio de cantidad:

- "Necesito más tiempo para terminar el trabajo."
- "Esta tienda tiene más opciones de colores."
- "Quiero comer más helado."

b. Adverbio de tiempo: Se utiliza para expresar que algo ocurrirá en un momento posterior.

Ejemplos de uso de "más" con tilde como adverbio de tiempo:

- "Te llamaré más tarde."
- "Nos vemos mañana a las diez de la mañana, o mejor aún, a las 11, ¿qué te parece?"

C. Pronombre indefinido: Se usa para referirse a una cantidad o cantidad adicional no específica.

Ejemplos de uso de "más" con tilde como pronombre indefinido:

- Algunos son más caros que otros
- ¿Alguien quiere más ensalada?

Continuando con la respuesta, es fundamental distinguir entre "mas" y "más", ya que su uso puede cambiar significativamente el sentido de una oración.

te y te:

La palabra "te" es un pronombre personal en español que se utiliza para referirse a la segunda persona del singular (tú) como objeto directo o indirecto de un verbo.

1. **Sin tilde ("te")**: La forma "te" se escribe sin tilde cuando se utiliza como pronombre personal de objeto directo o indirecto.

Ejemplos de uso de "te" sin tilde como pronombre personal:

- "Te vi en el parque". (Te vi a ti en el parque; "te" funciona como objeto directo).
- "Te compré un regalo". (Compré un regalo para ti; "te" funciona como objeto indirecto).
- "¿Te gusta el helado?" (¿A ti te gusta el helado?; "te" funciona como objeto indirecto).
- "Te espero en la puerta." (Te espero a ti en la puerta; "te" funciona como objeto directo).

1. **Con tilde ("té")**: La forma "té" lleva tilde cuando se refiere a la infusión de la planta Camellia sinensis que se consume como bebida. Es importante destacar que "té" se pronuncia de forma similar a "te" pero lleva tilde para distinguir su significado.

Ejemplos de uso de "té" con tilde como infusión:

- "Me gusta tomarte todas las mañanas."
- "¿Quieres un poco de té caliente?"
- "El té verde es muy saludable".

si y sí:

La palabra "si" puede llevar o no llevar tilde dependiendo de su función gramatical en la oración y de cómo se use en contexto.

1. **Sin tilde ("si"):** La forma "si" sin tilde puede tener dos usos principales:

a. Conjunción condicional: Se utiliza para introducir una condición en una oración y expresar una relación de causa y efecto.
Ejemplos de uso de "si" sin tilde como conjunción condicional:

- "Si estudias, sacarás buenas notas." (Si estudias, entonces sacarás buenas notas).
- "Si llueve, lleva un paraguas". (Si hay lluvia, lleva un paraguas).

b. Conjunción subordinante: En este caso, "si" se utiliza para introducir una oración subordinada que denota una posibilidad o suposición.
Ejemplo de uso de "si" sin tilde como conjunción subordinante:

- "No sé si vendrá a la fiesta". (No tengo certeza sobre si vendrá a la fiesta).

1. **Con tilde ("sí"):** La forma "sí" lleva tilde y puede tener varios usos:

a. Adverbio afirmativo: Se utiliza para expresar asentimiento o confirmación.
Ejemplos de uso de "si" con tilde como adverbio afirmativo:

- "Sí, quiero una taza de café". (Respuesta afirmativa).
- "Ella asintió con la cabeza y dijo sí".

b. Pronombre reflexivo: En este caso, "sí" se utiliza para referirse a la misma persona o cosa que realiza la acción del verbo.

Ejemplo de uso de "si" con tilde como pronombre reflexivo:

- "Se peina a sí misma todas las mañanas". (Ella se peina a sí misma).

aun y aún:

La palabra "aun" puede llevar o no llevar tilde dependiendo de su función gramatical en la oración y de cómo se use en contexto.

1. **Sin tilde ("aun")**: La forma "aun" sin tilde se utiliza como adverbio y equivale a "incluso" o "hasta" en español. También puede expresar una idea de concesión o realce.

Ejemplos de uso de "aun" sin tilde como adverbio:

- "Ella trabajó mucho, aun los fines de semana." (Incluso los fines de semana).
- "No me rendiré, aun si es difícil". (Hasta si es difícil).
- "Aun siendo tarde, decido salir." (Incluso siendo tarde).

1. **Con tilde ("aún")**: La forma "aún" lleva tilde cuando funciona como adverbio de tiempo y se emplea para indicar una continuidad en el tiempo o para expresar una idea de todavía o hasta ahora.

Ejemplos de uso de "aún" con tilde como adverbio de tiempo:

- "No ha llegado aún." (Todavía no ha llegado).
- "Aún quedan entradas disponibles." (Todavía quedan entradas).
- "Esperaremos aquí aún si llueve". (Hasta ahora, si llueve).

Es importante señalar que, según las normas de ortografía vigentes en el idioma español, la forma correcta de escribir "aun" como adverbio de inclusión es sin tilde. En cambio, "aún" lleva tilde cuando actúa como adverbio de tiempo, indicando continuidad o expresando un sentido temporal.

Solo y sólo:

La palabra "solo" puede llevar o no llevar tilde dependiendo de su función gramatical en la oración y de cómo se use en contexto.

1. **Sin tilde ("solo")**: La forma "solo" sin tilde se utiliza como adjetivo y significa "único", "solitario" o "sin compañía".

Ejemplos de uso de "solo" sin tilde como adjetivo:

- "El niño jugaba solo en el parque". (Sin compañía).
- "Ella es la única empleada en la oficina, está sola". (Única empleada).
- "Vivo en un pueblo pequeño, es un lugar muy solo". (Solitario).

1. **Con tilde ("sólo")**: La forma "sólo" lleva tilde cuando funciona como adverbio y se emplea para indicar exclusión, limitación o solamente.

Ejemplos de uso de "sólo" con tilde como adverbio:

- "Ella acepta tarjeta de crédito, pero sólo en efectivo." (Solamente en efectivo).
- "Puedes elegir solo una opción." (Únicamente una opción).
- "Trabaja sólo los días laborables". (Solamente los días laborables).

Es importante tener en cuenta que, según las normas de ortografía vigentes en el idioma español, la forma "sólo" lleva tilde cuando funciona como adverbio. Sin embargo, en algunas normativas, como la Ortografía de la Real Academia Española (RAE) a partir de 2010, se permite el uso de "solo" sin tilde en todos los contextos, eliminando la tilde diacrítica.

este y éste:

La palabra "este" puede llevar o no llevar tilde dependiendo de su función gramatical en la oración y de cómo se use en contexto.

1. **Sin tilde ("este"):** La forma "este" se escribe sin tilde cuando funciona como pronombre o determinante demostrativo. Se utiliza para señalar objetos, personas o situaciones cercanas al hablante en el tiempo o en el espacio.

Ejemplos de uso de "este" sin tilde como pronombre demostrativo:

- "Este es mi libro". (Señala el libro cercano al hablante).
- "¿Has visto esto?" (Hace referencia a algo que se muestra o está cerca).

Ejemplos de uso de "este" sin tilde como determinante demostrativo:

- "Mira este coche nuevo". (Se refiere al coche cercano al hablante).
- "En este día, celebramos el cumpleaños". (Indica el día específico cercano en el tiempo).

1. **Con tilde ("éste"):** La forma "éste" lleva tilde cuando se utiliza como pronombre demostrativo para enfatizar o distinguir entre dos o más elementos cercanos al hablante.

Ejemplos de uso de "éste" con tilde como pronombre demostrativo enfatizado:

- "Quiero éste, no aquel". (Enfatiza que quiere este objeto en

particular, no el otro).
- "Éste es mi favorito". (Destaca que este es el preferido).

Es importante mencionar que, según las normas de ortografía vigente en el idioma español, el uso de la tilde en los pronombres demostrativos (como "éste", "ése", "aquél", etc.) se ha vuelto opcional en algunos contextos, y la RAE permite escribirlos sin tilde. No obstante, se sigue considerando utilizar correctamente la tilde para enfatizar o distinguir.

ese y ese:

La palabra "ese" puede llevar o no llevar tilde dependiendo de su función gramatical en la oración y de cómo se use en contexto.

1. **Sin tilde ("ese")**: La forma "ese" se escribe sin tilde cuando funciona como pronombre o determinante demostrativo. Se utiliza para señalar objetos, personas o situaciones cercanas al oyente en el tiempo o en el espacio.

Ejemplos de uso de "ese" sin tilde como pronombre demostrativo:

- "Ese es mi libro". (Señala el libro cercano al oyente).
- "¿Has visto ese?" (Hace referencia a algo que se muestra o está cerca).

Ejemplos de uso de "ese" sin tilde como determinante demostrativo:

- "Mira ese coche nuevo". (Se refiere al coche cercano al oyente).
- "En ese día, celebramos el cumpleaños". (Indica el día específico cercano en el tiempo).

1. **Con tilde ("ése")**: La forma "ése" lleva tilde cuando se utiliza como pronombre demostrativo para enfatizar o distinguir entre dos o más elementos cercanos al oyente.

Ejemplos de uso de "ése" con tilde como pronombre demostrativo enfatizado:

- "Quiero ése, no éste". (Enfatiza que quiere ese objeto en particular, no el otro).
- "Ése es mi favorito." (Destaca que ese es el preferido).

aquel y aquél:

La palabra "aquel" puede llevar o no llevar tilde dependiendo de su función gramatical en la oración y de cómo se use en contexto.

1. **Sin tilde ("aquel")**: La forma "aquel" se escribe sin tilde cuando funciona como pronombre o determinante demostrativo. Se utiliza para señalar objetos, personas o situaciones lejanas tanto en el tiempo como en el espacio.

Ejemplos de uso de "aquel" sin tilde como pronombre demostrativo:

- "Aquel es mi libro". (Señala el libro lejano al hablante y al oyente).

Ejemplos de uso de "aquel" sin tilde como determinante demostrativo:

- "Mira aquel coche nuevo". (Se refiere al coche lejano tanto al hablante como al oyente).
- "En aquel día, celebramos el aniversario". (Indica el día específico lejano en el tiempo).

Con tilde ("aquél"): La forma "aquél" lleva tilde cuando se utiliza como pronombre demostrativo enfatizado o para hacer una distinción entre dos o más elementos lejanos tanto en el tiempo como en el espacio.

Ejemplos de uso de "aquél" con tilde como pronombre demostrativo enfatizado:

- "Quiero aquél, no éste." (Enfatiza que se quiere aquel objeto en particular, no el otro).
- "Aquel es mi favorito". (Destaca que aquel es el preferido).

Es importante mencionar que, según las normas de ortografía vigente en el idioma español, el uso de la tilde en los pronombres demostrativos (como "aquél", "ése", "ésa", etc.) se ha vuelto opcional en algunos contextos, y la RAE permite escribirlos sin tilde. No obstante, se sigue considerando utilizar correctamente la tilde para enfatizar o distinguir.

esto, eso, aquello:

Las palabras "esto", "eso" y "aquello" son pronombres demostrativos en español y no llevan tilde en ninguna de sus formas.

1. **Sin tilde ("esto")**: La forma "esto" se utiliza para referirse a algo cercano al hablante en el tiempo o en el espacio.

Ejemplos de uso de "esto" sin tilde como pronombre demostrativo:

- "¿Qué es esto?" (Señala algo cercano al hablante).
- "Me gusta esto." (Refiérase a algo que se muestra o está cerca).
- "No entiendo esto." (Se refiere a algo mencionado anteriormente).

1. **Sin tilde ("eso")**: La forma "eso" se emplea para referirse a algo que está cerca al oyente en el tiempo o en el espacio.

Ejemplos de uso de "eso" sin tilde como pronombre demostrativo:

- "¿Qué es eso?" (Señala algo cercano al oyente).

- "No me interesa eso." (Refiérase a algo que se muestra o está cerca).
- "Eso no es lo que dijiste." (Se refiere a algo mencionado anteriormente).

1. **Sin tilde ("aquello")**: La forma "aquello" se utiliza para referirse a algo lejano tanto en el tiempo como en el espacio.
2. Ejemplos de uso de "aquello" sin tilde como pronombre demostrativo:

- "Mira aquello en el cielo". (Señala algo lejano al hablante y al oyente).
- "Recuerdo aquello que pasó hace años." (Refiere a algo que ocurrió en el pasado).
- "¿Qué era aquello de lo que hablaban?" (Se refiere a algo mencionado anteriormente).

En resumen, "esto", "eso" y "aquello" son pronombres demostrativos que se utilizan para objetos señalados, situaciones o personas cercanas ("esto" y "eso") o lejanas ("aquello") en el tiempo o en el espacio. Estas palabras no llevan tilde en ninguna de sus formas, y su escritura es siempre sin tilde.

que y qué:

La palabra "que" puede llevar o no llevar tilde dependiendo de su función gramatical en la oración y de cómo se use en contexto.

1. **Sin tilde ("que")**: La forma "que" se escribe sin tilde en varios casos:

a. Pronombre relativo: Se utiliza para introducir una cláusula subordinada que actúa como complemento del nombre o del verbo principal.

Ejemplos de uso de "que" sin tilde como pronombre relativo:

- "El libro que leí es interesante." (Introduce una cláusula subordinada que complementa el nombre "libro").
- "La película que vimos ayer era emocionante". (Introduce una cláusula subordinada que complementa el verbo "vimos").

b. Conjunción subordinante: Se utiliza para introducir una oración subordinada que expresa una causa, consecuencia, finalidad, entre otras relaciones.

Ejemplos de uso de "que" sin tilde como conjunción subordinante:

- "Espero que vengas a la fiesta." (Introduce una oración subordinada que expresa una esperanza o deseo).
- "Estudia para que apruebes el examen." (Introduce una oración subordinada que expresa finalidad).

2. Con tilde ("qué"): La forma "qué" lleva tilde en los siguientes casos:

a. Pronombre interrogativo y exclamativo: Se utiliza para formular preguntas directas o expresar sorpresa, admiración, entre otros sentimientos.

Ejemplos de uso de "qué" con tilde como pronombre interrogativo y exclamativo:

- "¿Qué vas a hacer hoy?" (Pregunta directa).
- "¡Qué bonita es esa flor!" (Expresión de admiración).

b. Adjetivo exclamativo: Se utiliza para expresar énfasis o asombro al calificar un sustantivo.

Ejemplo de uso de "qué" con tilde como adjetivo exclamativo:

- "¡Qué día más hermoso!"

cuan y cuán:

La palabra "cuan" puede llevar o no llevar tilde dependiendo de su función gramatical en la oración y de cómo se use en contexto.

1. Sin tilde ("cuan"): La forma "cuan" se escribe sin tilde cuando funciona como un adverbio que se utiliza para intensificar o calificar un adjetivo o un adverbio en grado comparativo. Es una forma arcaica que no se utiliza comúnmente en el español moderno, y su uso es más frecuente en la poesía o en contextos literarios.

Ejemplos de uso de "cuan" sin tilde como adverbio comparativo:

- "Es tan alto cuan valiente". (En este caso, "cuan" intensifica el adjetivo "valiente" en su grado comparativo).

2.Con tilde ("cuán"): La forma "cuán" lleva tilde cuando también funciona como un adverbio comparativo, pero se utiliza para intensificar o calificar un adjetivo o un adverbio en grado superlativo. Al igual que "cuan", "cuán" es una forma arcaica y poco usada en el español moderno, pero se encuentra ocasionalmente en textos literarios o poéticos.

Ejemplos de uso de "cuán" con tilde como adverbio comparativo:

- "Cuan hermoso es este paisaje." (En este caso, "cuán" intensifica el adjetivo "hermoso" en su grado superlativo).

Es importante mencionar que tanto "cuan" como "cuán" son formas poco comunes en el español actual, y en la mayoría de los casos, se prefiere utilizar otras construcciones para expresar grados comparativos o superlativos, como "tan", "más", "menos" y "muy". Sin embargo, en contextos literarios o poéticos, estas formas arcaicas pueden añadir un tono más elevado o poético a la expresión.

cual y cuál:

La palabra "cual" puede llevar o no llevar tilde dependiendo de su función gramatical en la oración y de cómo se use en contexto.

1. Sin tilde ("cual"): La forma "cual" se escribe sin tilde cuando funciona como pronombre relativo o como adjetivo.

a. Pronombre relativo: Se utiliza para hacer referencia a un antecedente mencionado previamente y se emplea para introducir una cláusula subordinada que complementa el sentido de la oración principal.

Ejemplos de uso de "cual" sin tilde como pronombre relativo:

- "Ese es el libro con el cual aprendí mucho." (Introduce una cláusula que complementa el sustantivo "libro").
- "El equipo al cual pertenece es muy talentoso." (Introduce una cláusula que complementa el sustantivo "equipo").

b. Adjetivo: Se utiliza para calificar un sustantivo y puede tener un significado similar a "que" o "como".

Ejemplos de uso de "cual" sin tilde como adjetivo:

- "El día en el cual ocurrió el accidente fue trágico." (Califica al sustantivo "día").
- "Es un hombre cual ningún otro." (Califica al sustantivo "hombre" con el sentido de "como ningún otro").

2. Con tilde ("cuál"): La forma "cuál" lleva tilde cuando funciona como pronombre interrogativo o exclamativo.

a. Pronombre interrogativo: Se utiliza para hacer preguntas directas o indirectas, generalmente con opciones o alternativas.

Ejemplos de uso de "cuál" con tilde como pronombre interrogativo:

- "¿Cuál es tu color favorito?" (Pregunta directa con opciones posibles).
- "No se cuál de los libros leer primero." (Pregunta indirecta con opciones).

b. Pronombre exclamativo: Se utiliza para expresar sorpresa, admiración o enfatizar la importancia de algo.

Ejemplos de uso de "cuál" con tilde como pronombre exclamativo:

- "¡Cuál belleza de paisaje!" (Expresión de admiración).
- "¡Cuál sorpresa verte aquí!" (Expresión de sorpresa).

En resumen, "cual" se escribe sin tilde cuando funciona como pronombre relativo o como adjetivo, mientras que "cuál" lleva tilde cuando funciona como pronombre interrogativo o exclamativo. La tilde en "cuál" es necesaria para indicar su función interrogativa o exclamativa. Es importante prestar atención al contexto para usar correctamente cada forma de "cual" en el idioma español.

quien y quién:

La palabra "quien" puede llevar o no llevar tilde dependiendo de su función gramatical en la oración y de cómo se use en contexto.

1. **Sin tilde ("quien")**: La forma "quien" se escribe sin tilde cuando funciona como pronombre relativo o como pronombre interrogativo.

a. Pronombre relativo: Se utiliza para hacer referencia a una persona o entidad mencionada anteriormente en la oración, y se emplea para introducir una cláusula subordinada que complementa el sentido de la oración principal.

Ejemplos de uso de "quien" sin tilde como pronombre relativo:

- "El estudiante que estudia mucho obtiene buenas calificaciones." (Introduce una cláusula que complementa al sustantivo "estudiante").
- "La persona a quien le presté el libro es mi amiga." (Introduce una cláusula que complementa al sustantivo "persona").

b. Pronombre interrogativo: Se utiliza para hacer preguntas directas o indirectas acerca de una persona.

Ejemplos de uso de "quien" sin tilde como pronombre interrogativo:

- "¿Quién es esa persona?" (Pregunta directa sobre la identidad de alguien).
- "No sé con quien hablaba". (Pregunta indirecta sobre la persona con la que habló).

1. **Con tilde ("quién")**: La forma "quién" lleva tilde cuando funciona como pronombre interrogativo o exclamativo, y se utiliza en preguntas directas o exclamaciones.

a. Pronombre interrogativo: Se utiliza para hacer preguntas directas acerca de una persona, generalmente cuando se espera una respuesta específica.

Ejemplos de uso de "quien" con tilde como pronombre interrogativo:

- "¿Con quién vas a la fiesta?" (Pregunta directa sobre la persona con la que se asistirá a la fiesta).
- "¿Quién es el director de la empresa?" (Pregunta directa sobre la identidad del director).

b. Pronombre exclamativo: Se utiliza para expresar sorpresa, admiración o enfatizar la importancia de alguien.

Ejemplos de uso de "quién" con tilde como pronombre exclamativo:

- "¡Quién iba a pensar que ganaríamos el premio!" (Expresión de sorpresa).
- "¡Quién lo diría! Te encontré aquí." (Expresión de asombro).

cuanto y cuánto:

La palabra "cuanto" puede llevar o no llevar tilde dependiendo de su función gramatical en la oración y de cómo se use en contexto.

1. **Sin tilde ("cuanto"**: La forma "cuanto" se escribe sin tilde en varios casos:

a. Pronombre indefinido: Se utiliza para referirse a una cantidad indeterminada de algo o a todo lo que es posible.

Ejemplos de uso de "cuanto" sin tilde como pronombre indefinido:

- "Dame cuanto tengas". (Refiere a una cantidad indeterminada de algo).
- "Lo haré en cuanto pueda". (Refiere a todo lo que sea posible).

b. Adjetivo interrogativo y exclamativo: Se utiliza para hacer preguntas directas o expresiones de sorpresa o admiración acerca de una cantidad o magnitud.

Ejemplos de uso de "cuanto" sin tilde como adjetivo interrogativo y exclamativo:

- "¿Cuánto dinero tienes?" (Pregunta directa sobre la cantidad de dinero).
- "¡Cuánto talento tiene esa cantante!" (Expresión de admiración sobre la cantidad de talento).

1. **Con tilde ("cuánto")**: La forma "cuánto" lleva tilde cuando funciona como pronombre interrogativo o exclamativo.

a. Pronombre interrogativo: Se utiliza para hacer preguntas directas sobre una cantidad específica o magnitud.

Ejemplos de uso de "cuánto" con tilde como pronombre interrogativo:

- "¿Cuánto dinero necesitas?" (Pregunta directa sobre la cantidad de dinero específica requerida).
- "¿Cuánto tiempo te tomará terminar el trabajo?" (Pregunta directa sobre la cantidad de tiempo específico requerido).

b. Pronombre exclamativo: Se utiliza para expresar sorpresa, admiración o enfatizar una o magnitud.

Ejemplos de uso de "cuánto" con tilde como pronombre exclamativo:

- "¡Cuánto ha crecido ese niño!" (Expresión de sorpresa sobre la cantidad de crecimiento).
- "¡Cuánto talento tienes!" (Expresión de admiración sobre la cantidad de talento).

En resumen, "cuanto" se escribe sin tilde cuando funciona como pronombre indefinido o adjetivo interrogativo y exclamativo. Por otro lado, "cuánto" lleva tilde cuando funciona como pronombre interrogativo o exclamativo en preguntas directas o exclamaciones. La tilde en "cuánto" es necesaria

Uso de las letras mayúsculas:

La letra mayúscula es un componente esencial de la ortografía y gramática en el idioma español, ya que se utiliza para diversas funciones y propósitos. A continuación, se presentan diez usos de la letra mayúscula, cada uno explicado en un párrafo con ejemplos:

1. **Inicio de oración**: La primera palabra de una oración se escribe con mayúscula. Por ejemplo: "Hoy es un hermoso día".
2. **Nombres propios**: Los nombres propios de personas, lugares,

institucones y eventos se escriben con mayúscula. Por ejemplo: "Juan", "España", "Universidad de Harvard", "Juegos Olímpicos".

3. **Tratamientos y títulos**: Los tratamientos o títulos utilizados antes de los nombres se escriben con mayúscula. Por ejemplo: "Señor López", "Doctora Martínez", "Rey Felipe VI".

4. **Días de la semana y meses**: Los días de la semana y los meses del año se escriben con mayúscula. Por ejemplo: "Lunes", "Enero".

5. **Festividades y celebraciones**: Los nombres de festividades, celebraciones y eventos especiales se escriben con mayúscula. Por ejemplo: "Navidad", "Año Nuevo", "Semana Santa".

6. **Títulos de obras**: Los títulos de libros, películas, canciones y obras de arte se escriben con mayúscula. Por ejemplo: "Cien años de soledad", "Titanic", "La Gioconda".

7. **Nombres geográficos**: Los nombres de ríos, montañas, océanos y lugares geográficos se escriben con mayúscula. Por ejemplo: "Río Amazonas", "Monte Everest", "Océano Atlántico".

8. **Nombres de nacionalidades y etnias**: Los nombres de nacionalidades y etnias se escriben con mayúscula. Por ejemplo: "Español", "Latinoamericano".

9. **Siglas y acrónimos**: Las siglas y acrónimos se escriben con mayúscula. Por ejemplo: "UNESCO", "ONU".

10. **Personificación**: Cuando se personifica a objetos o conceptos abstractos, se escriben con mayúscula. Por ejemplo: "La Naturaleza", "El Destino".

La letra mayúscula se utiliza para resaltar y diferenciar ciertos elementos en el texto, como nombres propios, títulos, días de la semana, festividades, entre otros. Conocer y aplicar adecuadamente los usos de la mayúscula es esencial para una correcta escritura en español y para mejorar la claridad y coherencia del texto escrito.

La letra minúscula:

La letra minúscula es uno de los dos tipos principales de letras utilizadas en la escritura del idioma español y otros idiomas basados en el alfabeto latino. Se caracteriza por ser más pequeña y de menor altura que la letra mayúscula. La minúscula se emplea en diversos contextos y para diferentes propósitos dentro de la gramática y ortografía del idioma.

Algunos de los usos más comunes de la letra minúscula son:

1. **En el cuerpo del texto**: La mayoría de las palabras en una oración o párrafo se escriben en minúsculas, a menos que haya una razón específica para usar la mayúscula.

2. **Al inicio de oraciones secundarias**: Después de un punto, se inician en minúscula las oraciones que no son la primera de un párrafo.

3. **En nombres propios específicos**: Los nombres de personas, lugares, instituciones y marcas se escriben en minúscula, a menos que se traten de nombres propios que exijan el uso de mayúsculas.

4. **En pronombres personales**: Los pronombres personales como "él", "ella", "tú", "nosotros", etc., se escriben en minúscula.

5. **En la mayoría de los adjetivos y verbo**: Los adjetivos y verbos se escriben en minúscula dentro de una oración.

LOS SIGNOS DE PUNTUACIÓN:

L

os signos de puntuación son elementos gráficos utilizados en la escritura para organizar y estructurar el texto, facilitar la comprensión, transmitir intenciones y pausas en la comunicación escrita. Entre los signos de puntuación más comunes se encuentran el punto, la coma, el punto y coma, los dos puntos, los signos de interrogación y exclamación, las comillas, los paréntesis y los guiones, entre otros. Cada uno de estos signos cumple una función específica, como indicar el fin de una oración, separar elementos de una enumeración, introducir citas textuales o añadir aclaraciones. El uso adecuado de los signos de puntuación es esencial para lograr una escritura clara, coherente y comprensible, y para dotar al texto de sentido y fluidez en el idioma español y otros idiomas.

La coma (,):

La coma es un signo de puntuación utilizada para separar elementos dentro de una oración y para indicar pausas breves en la lectura. Su principal función es organizar y clarificar la estructura del texto, evitando ambigüedades y facilitando la comprensión del mensaje. Algunos de los usos más comunes de la coma son:

1. **Separar elementos de una enumeración**: Se emplea para separar palabras, frases o cláusulas que forman una lista de elementos. Ejemplo: "El perro es juguetón, cariñoso, y obediente".

2. **Separar oraciones coordinadas**: Se usa para separar oraciones independientes que están relacionadas entre sí mediante conjunciones como "y", "o", "pero", "porque", etc. Ejemplo: "Hace calor afuera, así que vamos a la playa. "

3. **Separar el vocativo**: Cuando se interpela o se llama a alguien por su nombre, se coloca una coma antes o después del vocativo.

Ejemplo: "María, ven aquí."

4. **Separar aclaraciones o incisos**: Se utiliza para encerrar información adicional que no altera el sentido principal de la oración. Ejemplo: "El libro, escrito por un famoso autor, es muy interesante."

5. **Separar elementos en una fecha o número**: En fechas, se emplea para separar el día, mes y año. Ejemplo: "El evento será el 25 de diciembre de 2023." También se usa en números para separar millas, millones, etc. Ejemplo: "El edificio tiene 5,000 metros cuadrados."

Es importante utilizar la coma de manera adecuada para evitar errores de interpretación y mejorar la fluidez y comprensión del texto. Un uso incorrecto de la coma puede cambiar el significado de una oración o causar confusiones en la lectura.

Punto y coma (;):

El punto y coma (;) es un signo de puntuación que se utiliza para separar oraciones relacionadas entre sí, pero que no están unidas por una conjunción coordinante. Su función principal es crear una pausa más marcada que la coma, pero menos fuerte que el punto. Algunos de los usos más comunes del punto y coma son:

1. **Separar oraciones relacionadas**: Se emplea para separar oraciones independientes que están estrechamente relacionadas temáticamente, impidiendo así el uso de puntos y la repetición excesiva de conjunciones. Ejemplo: "Me gusta leer; siempre encuentro historias interesantes en los libros."

2. **Separar elementos en una enumeración compleja**: Cuando en una enumeración se incluyen elementos que contienen comas, el punto y coma se utiliza para diferenciar claramente cada uno de los elementos. Ejemplo: "Las ciudades que visitaremos en nuestro viaje son: Madrid, España; Roma, Italia; y París,

Francia."

3. **Introducir ejemplos o aclaraciones**: Se utiliza para separar ejemplos o aclaraciones que siguen una idea general. Ejemplo: "Hay que llevar varios elementos esenciales en el viaje: ropa cómoda; calzado adecuado; y protector solar."

4. **Antes de conjunciones adverbiales**: Si una oración principal está seguida por una conjunción adverbial (como "sin embargo", "no obstante", "por lo tanto", etc.), el punto y coma se coloca antes de dicha conjunción. Ejemplo: "Estudié mucho para el examen; sin embargo, no obtuve la calificación que esperaba".

Es fundamental utilizar el punto y coma con precisión y cautela, ya que su uso inadecuado puede llevar a la falta de claridad ya la confusión en el mensaje. Al dominar el empleo del punto y coma, se logra un texto más fluido y comprensible, mejorando la coherencia y la estructura de la escritura en el idioma español y otros idiomas.

Dos puntos (:)

Los dos puntos (:) son un signo de puntuación utilizado para introducir una enumeración, una cita textual o una explicación que amplía o detalla lo que se ha mencionado anteriormente. Su función principal es marcar una pausa que indica que a continuación se presentará información relevante o complementaria. Algunos usos comunes de los dos puntos son:

1. **Introducir una enumeración:** Se utiliza para presentar una lista de elementos o ideas relacionadas con lo establecido previamente. Ejemplo: "Los ingredientes para la receta son: harina, azúcar, huevos y leche".

2. **Antes de una cita textual:** Se colocan antes de una cita literal o textual para indicar que se va a reproducir exactamente lo dicho por otra persona o fuente. Ejemplo: El profesor dijo: "La tarea para mañana es leer el capítulo 5."

3. **Antes de una explicación o aclaración:** Se utiliza para introducir una explicación o aclaración sobre lo mencionado anteriormente. Ejemplo: "Vamos a seguir dos reglas importantes para la excursión: no salir del sendero marcado y llevar suficiente agua".

4. **Para indicar diálogos o discursos en narraciones:** En textos narrativos, los dos puntos se utilizan para indicar el inicio de un diálogo o discurso directo. Ejemplo: María preguntó: "¿Cómo estás?"

Es esencial utilizar los dos puntos de manera precisa y adecuada, ya que un uso incorrecto puede llevar a una mala interpretación o ambigüedad en el texto. Al dominar su empleo, se logra una escritura más clara y coherente en el idioma español y otros idiomas.

El Punto (.):

El punto (.) es un signo de puntuación utilizado para marcar el final de una oración o enunciado completo. Su función principal es indicar que se ha completado una idea o pensamiento, creando una pausa que separa las diferentes unidades de sentido en el texto. Algunos ejemplos de su uso son:

1. **Finalización de una oración declarativa**: "Hoy es un día soleado."

2. **Finalización de una oración interrogativa indirecta**: "Preguntó si llegaría a tiempo."

3. **Finalización de una oración imperativa**: "Cierra la puerta, por favor."

4. **Finalización de una oración exclamativa**: "¡Qué hermoso paisaje!"

5. **Marcación de abreviaturas**: "Sr." para "Señor", "etc." para "etcétera".

El punto es esencial para estructurar adecuadamente el texto, delimitar ideas completas y mantener una comunicación clara y coherente en la escritura en el idioma español y otros idiomas. Es importante colocar recordar un punto al final de cada oración para garantizar que cada idea esté separada correctamente y que los lectores puedan entender claramente el mensaje presentado.

Puntos suspensivos (...):

Los puntos suspensivos (...) son un signo de puntuación utilizado para indicar una interrupción, suspensión o incompletitud en una frase o enunciado. Su función principal es sugerir que hay algo más que no se ha dicho o que se deja abierto a la interpretación del lector. Algunos ejemplos de su uso son:

1. **Indicar una pausa dramática o reflexiva** "No sé qué decir... estoy sorprendido."
2. **Indicar que una idea o pensamiento queda incompleto**: "Había algo extraño en su mirada, como si..."
3. **Expresar dudas o indecisión**: "Tal vez pudimos ir al cine..."
4. **En citas textuales**: "El famoso dicho dice: 'Al mal tiempo...'" (Cuando solo se cita una parte de la expresión completa).
5. **En enumeraciones abiertas**: "Los temas a tratar son: el primero..., el segundo..., y el tercero..."

Es importante usar los puntos suspensivos con moderación, ya que su uso excesivo puede restaurar la claridad al texto. Además, se deben colocar siempre tres puntos, nunca más ni menos, para mantener la coherencia y la correcta representación de este signo de puntuación en el idioma español y otros idiomas. Los puntos suspensivos permiten agregar un matiz de suspenso, misterio o expresar que algo se deja sin concluir, lo que enriquece la comunicación escrita y brinda diferentes matices a las ideas transmitidas.

Los signos de interrogación (¿?):

Los signos de interrogación (¿?) son un conjunto de dos símbolos utilizados en el idioma español para marcar el inicio y el final de preguntas directas o interrogativas. Su función principal es indicar al lector que la oración requiere una respuesta o que se está buscando obtener información. Algunos ejemplos de su uso son:

1. **Preguntas directas**: "¿Cómo te llamas?" / "¿A qué hora llega el tren?"
2. **Preguntas retóricas**: "¿Acaso no te dije que vinieras temprano?" (No se espera una respuesta real, es una pregunta formulada para enfatizar una idea).
3. **Preguntas indirectas**: "Me pregunto ¿qué día es hoy?" (La pregunta está dentro de otra oración).
4. **Enunciados que comienzan con una palabra interrogativa**: "¿Dónde está mi libro?" / "¿Quién ganó el partido?"

Es fundamental utilizar los signos de interrogación de manera adecuada para evitar confusiones en el mensaje y para reflejar la entonación interrogativa al leer el texto en voz alta. En el idioma español, los signos de interrogación siempre se colocan al inicio y al final de la pregunta, siendo el signo de apertura (¿) el que inicia la oración interrogativa y el signo de cierre (?) el que la finaliza. El uso correcto de los signos de interrogación enriquece la escritura y ayuda a comunicar preguntas de manera clara y efectiva.

Los signos de admiración (¡ !):

Los signos de admiración (¡!) son un par de símbolos utilizados en el idioma español para denotar sorpresa, emoción, admiración, enfatizar una idea o indicar un tono exclamativo en una oración. Su función principal es mostrar una entonación exclamativa al leer el texto en voz alta, permitiendo resaltar la intensidad de la emoción o el énfasis en una expresión. Algunos ejemplos de su uso son:

1. **Expresiones exclamativas**: "¡Qué hermoso día hace hoy!" / "¡Feliz cumpleaños!"
2. **Interjecciones**: "¡Ay!", "¡Uf!", "¡Vaya!", "¡Bravo!"
3. **Enunciados enfáticos**: "¡No puedo creerlo!" / "¡Estoy emocionado por el concierto!"
4. **Advertencias o mandatos enfáticos**: "¡Cuidado con el perro!" / "¡Deja de hacer eso!"
5. **Expresiones de sorpresa o asombro**: "¡Wow! ¡Mira esa vista!"

Es importante usar los signos de admiración con moderación y en situaciones que requieren realce emocional o énfasis. Su uso excesivo puede disminuir su impacto y restablecer la eficacia en la comunicación escrita. En el idioma español

Las comillas (“):

Las comillas ("") son signos de puntuación utilizados en el idioma español para encerrar y resaltar citas textuales, diálogos, títulos de obras y para indicar que una palabra o expresión es empleada de manera figurada o con un significado especial. Su función principal es delimitar el contenido citado o resaltar ciertas palabras o frases en el texto. Algunos ejemplos de su uso son:

1. **Citas textuales:** "El profesor dijo: 'La tarea para mañana es leer el capítulo 5.'"
2. **Diálogos:** "María preguntó: '¿Cómo estás?'"
3. **Títulos de obras:** "Me encanta la película 'El señor de los anillos.'"
4. **Uso figurado o irónico:** "El "amigo" se fue sin despedirse".
5. **Destacar palabras o frases:** "El niño dijo que estaba "enfermo" para no ir a la escuela."

Es importante utilizar las comillas con precisión para evitar confusiones en el texto y para mantener la coherencia en la comunicación escrita. En el idioma español, las comillas se colocan al inicio y al final de la cita, palabra o expresión destacada, siendo el signo de apertura (") el que precede al contenido y el signo de cierre (") el que lo concluye. Utilizar adecuadamente las comillas permite una escritura clara y efectiva, resaltando adecuadamente las citas y expresiones con significados especiales en el texto.

Los paréntesis ():

Los paréntesis () son signos de puntuación utilizados en el idioma español para insertar información adicional, aclaraciones, comentarios o datos no esenciales dentro de una oración. Su función principal es separar el contenido encerrado entre los paréntesis del texto principal, lo que permite proporcionar detalles adicionales sin alterar la estructura ni la comprensión del enunciado. Algunos ejemplos de su uso son:

1. **Aclaraciones**: "La película (que ganó varios premios) fue muy aclamada por la crítica."
2. **Datos complementarios**: "El autor del libro (Juan Pérez) estará presente en la firma de ejemplares."
3. **Expresiones abreviadas**: "Hoy vamos al parque (como siempre hacemos los domingos)".
4. **Información relevante**: "El río Amazonas (el más largo del mundo) atraviesa varios países de América del Sur."
5. **Explicaciones adicionales**: "La ciudad de Madrid (la capital de España) es famosa por su rica historia".

Es importante utilizar los paréntesis con moderación y solo cuando se necesita incluir información que compleménte el contexto principal del enunciado. Su uso excesivo puede dificultar la lectura y restaurar la claridad al texto. En el idioma español, los paréntesis se colocan alrededor del contenido adicional, siendo el paréntesis de apertura (() el que precede a la información, y el paréntesis de cierre ()) el que la concluye. Al emplear los paréntesis adecuadamente, se logra una escritura más precisa y se proporciona información adicional de manera organizada y clara.

La diéresis ("):

La diéresis (¨) es un signo ortográfico utilizado en el idioma español para indicar que dos vocales que normalmente formarían un diptongo se deben pronunciar en sílabas separadas. Su función principal es romper la unión de dos vocales que, en otras circunstancias, formarían una única sílaba, permitiendo así una correcta pronunciación y comprensión de la palabra. Algunos ejemplos de su uso son:

1. En palabras con dos vocales idénticas: "pingüino", "rara", "maíz".

2. En palabras donde la u lleva diéresis para indicar su pronunciación en los grupos "gue" y "gui": "agüero", "ambigüedad".

3. En palabras compuestas donde se desea mantener la pronunciación separada de las vocales: "almohadilla", "contraído".

4. En nombres propios extranjeros: La diéresis se utiliza en nombres de origen extranjero cuando se quiere conservar la pronunciación original. Ejemplo: "Müller", "Zoë".

El guion (-):

El guion (-) es un signo ortográfico utilizado en el idioma español para unir o separar elementos dentro de una palabra o para palabras creadas compuestas. Su función principal es delimitar la estructura de las palabras y facilitar la comprensión de los términos en el texto. Algunos ejemplos de su uso son:

1. **Unir palabras o sílabas**: Se utiliza para unir dos o más palabras o sílabas que forman una palabra compuesta. Ejemplo: "bienestar", "alto-contraste", "ex-presidente".

1. **Separar sílabas**: El guion se coloca al final de una línea para dividir una palabra en dos sílabas cuando no cabe completa en la línea anterior.

1. **Indicar intervalos numéricos**: En expresiones de rango o intervalo, el guion se usa para indicar desde un número hasta otro. Ejemplo: "Páginas 20-30", "Siglo XIX".

1. **En prefijos y sufijos**: Se emplea en palabras que tienen prefijos o sufijos separados por guiones. Ejemplo: "preescolar", "amigo-amiga".

1. **En diálogos**: Para representar diálogos en narraciones, el guion se utiliza para indicar quién habla. Ejemplo: - ¿Cómo estás? -dijo María.

Es importante usar el guion correctamente para evitar confusiones en el texto y mantener la coherencia en la escritura. Es un valioso recurso para crear palabras compuestas, mejorar la legibilidad y la estructura de las frases, así como para establecer intervalos numéricos de manera clara en el idioma español y otros idiomas.

La raya (—):

La raya (—) es un signo de puntuación utilizada en el idioma español para marcar incisos o aclaraciones dentro de una oración. También se conoce como "raya larga" o "guión largo". Su función principal es indicar que se ha insertado una información adicional o un comentario dentro del texto principal. Algunos ejemplos de su uso son:

1. **Para introducir aclaraciones**: "El concierto —que fue aplazado

por la lluvia— se llevará a cabo mañana."

2. **Para información adicional complementaria**: "Juan —un amigo de la infancia— vendrá a visitarnos."

3. **Para indicar un cambio de interlocutor en diálogos**: "María: —¿Cómo estás? Juan: —Estoy bien, gracias."

4. **Para hacer énfasis**: "Las montañas, el río, los árboles —todo en ese lugar es hermoso".

Es importante destacar que la raya se diferencia del guion (-) en su longitud, ya que la raya es más larga y se extiende por un mayor espacio. Además, se coloca sin espacios antes o después del signo. La raya es un recurso valioso para introducir información adicional sin afectar la estructura gramatical del texto y para mejorar la claridad y coherencia en la escritura en el idioma español y otros idiomas.

ORTOGRAFIA DE LAS LETRAS:

L

a ortografía de "las letras" en el idioma español es fundamental para asegurar una correcta escritura y comprensión del texto. La ortografía se refiere al conjunto de reglas que rigen la escritura correcta de las palabras y su acentuación. Aquí se presentan diez aspectos clave de la ortografía de las letras, junto con ejemplos para cada uno:

1. **Uso de la "b" y la "v": La "b"** se utiliza generalmente después de las sílabas "la", "le", "li", "lo", "lu" y al final de las palabras. La "v" se emplea en todas las demás situaciones. Ejemplo: "verbo" (con "v"), "biblioteca" (con "b").

2. **Uso de la "g" y la "j":** La "g" se emplea ante las vocales "a", "o" y "u". La "j" se utiliza ante las vocales "e" e "i". Ejemplo: "gato" (con "g"), "jirafa" (con "j").

3. **Uso de la "y" y la "ll":** Actualmente, en español solo se considera una letra para representar el sonido "y", por lo que se usa la "y" en todas las palabras. Ejemplo: "ayer" (con "y"), "caballo" (con "ll").

4. **Uso de la "h":** La "h" es muda y no se pronuncia. Se utiliza principalmente para formar dígrafos con otras letras, como "ch" y "nh". Ejemplo: "chico" (con "ch"), "cansado" (con "s" muda).

5. **Uso de la "c" y la "s":** La "c" se emplea antes de las vocales "e" e "i". La "s" se utiliza antes de las vocales "a", "o" y "u". Ejemplo: "casa" (con "c"), "sol" (con "s").

6. **Uso de la "z" y la "c":** La "z" se usa antes de las vocales "a", "o" y "u". La "c" se emplea antes de las vocales "e" e "i". Ejemplo: "zapato" (con "z"), "casa" (con "c").

7. **Uso de la "q":** La "q" siempre se acompaña de la letra "u" y se emplea antes de las vocales "e" e "i". Ejemplo: "queso" (con "q" y

"u").

8. **Uso de la "k", la "w" y la "x"**: Estas letras son poco frecuentes en el español y se utilizan principalmente en préstamos de otros idiomas. Ejemplo: "karaoke" (con "k"), "whisky" (con "w"), "boxeo" (con "x").

9. **Uso de la "r" y la "rr"**: La "r" se pronuncia como una vibración simple, mientras que la "rr" se pronuncia como una vibración fuerte. Ejemplo: "perro" (con "r"), "perro" (con "rr").

DIFICULTADES GRAMATICALES

L

os alumnos que aprenden el idioma español pueden enfrentar diversas dificultades gramaticales debido a la complejidad de su estructura y reglas. Aquí se presentan diez de las dificultades más comunes:

1. **El uso de los verbos irregulares**: Los verbos irregulares en español pueden resultar confusos para los alumnos, ya que no siguen patrones regulares de conjugación. Ejemplo: "ser" (soy, eres, es) y "ir" (voy, vas, va).

2. **La conjugación de los verbos regulares**: La correcta conjugación de los verbos regulares en los distintos tiempos verbales puede ser un desafío, especialmente para los estudiantes principiantes. Ejemplo: "hablar" (hablo, hablas, habla).

3. **El uso de los pronombres personales**: Los pronombres personales en español tienen diferentes formas según su función en la oración, lo que puede generar confusión. Ejemplo: "yo", "yo", "mí".

4. **Los pronombres de complemento directo e indirecto**: La distinción entre los pronombres de complemento directo e indirecto y su correcta colocación en la oración pueden ser difíciles de comprender. Ejemplo: "me lo dijiste" (complemento directo) y "me lo diste" (complemento indirecto).

5. **El uso de los artículos definidos e indefinidos**: Los artículos definidos (el, la, los, las) e indefinidos (un, una, unos, unas) tienen reglas específicas que pueden resultar complicadas para los estudiantes.

6. **La concordancia entre género y número**: El español es un idioma que requiere concordancia entre género y número en los

sustantivos, adjetivos y pronombres, lo que puede ser un desafío para algunos alumnos.

7. **El uso de los tiempos verbales**: La elección correcta de los tiempos verbales en distintas situaciones puede ser un obstáculo para los estudiantes, especialmente cuando se enfrentan a tiempos más complejos como el subjuntivo.

8. **Los adverbios y su colocación**: La posición correcta de los adverbios en la oración

9. **Los usos de "por" y "para"**: Los alumnos suelen enfrentar dificultades al distinguir entre el uso de "por" y "para" en diferentes contextos. Ambas preposiciones pueden tener significados similares, pero se utilizan en situaciones diferentes. Por ejemplo: "Lo hice por ti" (indicando causa o motivo) y "Lo hice para ti" (indicando destino o finalidad).

1. **Las reglas de acentuación**: La acentuación de las palabras en español puede ser una dificultad para los alumnos, ya que existen distintas reglas que determinan dónde se coloca el acento ortográfico en las palabras.

Para superar estas dificultades gramaticales en el aprendizaje del español, es importante contar con una buena base de gramática y practicar periódicamente a través de ejercicios, lecturas y conversaciones en el idioma. Los profesores y recursos educativos también juegan un papel fundamental en proporcionar una guía clara y detallada para ayudar a los alumnos a dominar la gramática del español. La práctica constante y la paciencia son clave para superar estas dificultades y mejorar la competencia lingüística en el idioma español.

PALABRAS Y EXPRESIONES QUE PUEDEN OCASIONAR DUDAS:

L

as palabras o expresiones que pueden ocasionar dudas en el idioma español son numerosas y varían en función de la ortografía, la gramática y el significado. Algunas de las más comunes incluyen:

1. **Por qué, porque, porqué y por que**: La diferencia entre estas cuatro expresiones puede generar confusión en cuanto a su uso y significado.

2. **A ver, haber y haber:** Estas palabras se pronuncian de manera similar, pero tienen significados y funciones gramaticales distintas.

3. **Si no y sino:** La correcta diferenciación entre "si no" (dos palabras separadas) y "sino" (una sola palabra) es esencial para evitar malentendidos.

4. **Más, más y si:** La utilización de "más" (adverbio de cantidad), "mas" (conjunción adversativa) y "si" (condicional) puede ser confusa.

5. **Tu y tú:** La diferencia en el uso de estas dos palabras pronunciadas igual, pero con acentuación diferente puede generar errores gramaticales.

6. **Hecho y echo:** La correcta escritura de "hecho" (participio de hacer) y "echo" (del verbo echar) es una fuente común de equivocaciones.

7. **Aún y aun:** La distinción entre "aún" (todavía) y "aun" (incluso) puede ser un desafío para los estudiantes.

8. **Halla, haya y allá:** Las palabras "halla" (del verbo hallar), "haya" (del verbo haber en presente de subjuntivo) y "allá" (adverbio de lugar) son a menudo objeto de dudas por su similitud fonética y

ortográfica.

9. **Sé y se:** La distinción entre el verbo "sé" (del verbo saber en imperativo) y el pronombre "se" (pronombre reflexivo o de complemento) puede ser confusa en su uso.

10. **Demás y de más:** La diferencia entre "demás" (adjetivo que significa otros o adicionales) y "de más" (expresión que indica exceso) puede causar ambigüedad en el contexto.

Las palabras sinónimas y antónimas:

Las palabras "sinónimas" son aquellas que tienen un significado similar o casi idéntico, lo que permite utilizarlas de manera intercambiable en un contexto determinado. Estas palabras comparten conceptos o ideas similares, pero pueden diferir ligeramente en su tono o connotación. Por ejemplo, "alegría" y "felicidad" son sinónimas, ya que ambas expresan un estado emocional positivo y de bienestar.

En contraste, las palabras "antónimas" son aquellas que tienen significados opuestos o contrarios entre sí. Cuando dos palabras son antónimas, representan conceptos o ideas completamente distintas, lo que permite establecer contrastes y diferencias en el lenguaje. Por ejemplo, "amor" y "odio" son antónimas, ya que expresan sentimientos diametralmente opuestos hacia algo o alguien.

Tanto las palabras sinónimas como las antónimas son herramientas valiosas en la expresión y comunicación, ya que brindan opciones para enriquecer el vocabulario y transmitir matices precisos en el discurso. Su adecuado uso contribuye a una comunicación efectiva y una escritura más precisa y enriquecida en el idioma español.

Palabras homónimas y palabras homófonas:

Las palabras "homónimas" y "homófonas" son términos que se refieren a diferentes tipos de palabras que pueden generar confusión debido a su similitud en la pronunciación o en la escritura. Las palabras "homónimas" son aquellas que se escriben igual, pero tienen significados distintos. Por ejemplo, "barco" (embarcación) y "barco" (del verbo barcar, pagar a alguien en especie) son homónimas porque se escriben igual, pero tienen significados diferentes.

Por otro lado, las palabras "homófonas" son aquellas que se pronuncian de manera similar, pero tienen escrituras diferentes y significados distintos. Por ejemplo, "valla" (cerca o cerca) y "baya" (fruto de ciertas plantas) son homófonas porque se pronuncian igual o de manera muy similar, pero se escriben diferente y tienen significados distintos.

En ambos casos, la clave para evitar confusiones es prestar atención al contexto y al significado de las palabras en el contexto de la oración para entender su sentido correcto. El conocimiento de estos tipos de palabras es importante para una comunicación efectiva y una correcta interpretación del mensaje en el idioma español.

LA ORACION:

L

a oración es la unidad básica de la expresión en el lenguaje. Esta puede ser definida como el conjunto de palabras que tienen sentido completo y que expresan una idea o proposición. Las oraciones pueden ser simples, con una sola proposición, o compuestas, con varias proposiciones conectadas por conjunciones. Además, las oraciones pueden ser afirmativas, negativas, interrogativas o exclamativas, dependiendo de la intención comunicativa del hablante.

Partes de la oración:

Las oraciones están compuestas por diferentes partes que trabajan en conjunto para expresar una idea completa. La primera parte es el **sujeto**, que es la persona, lugar, cosa o concepto sobre el cual se está hablando en la oración. El sujeto puede estar representado por un sustantivo, un pronombre o incluso una frase nominal. Por ejemplo, en la oración "María estudia en la universidad", el sujeto es "María".

La segunda parte de la oración es el **predicado**, que es la parte que expresa la acción, estado o descripción del sujeto. El predicado incluye el verbo principal de la oración y puede estar acompañado por complementos que contengan más detalles sobre la acción o el estado del sujeto. Siguiendo el ejemplo anterior, el predicado es "estudio en la universidad". Así, las oraciones están formadas por estos dos componentes esenciales: el sujeto y el predicado, que trabajan en conjunto para expresar de manera clara y coherente una idea completa.

Las palabras pueden clasificarse según la función que desempeñan dentro de la oración en: Sustantivos, artículos, adjetivos, pronombres, verbos, adverbios, preposiciones, conjunciones e interjecciones.

El sustantivo:

El sustantivo es una de las partes fundamentales del lenguaje y es una categoría gramatical que se utiliza para nombrar a personas, animales, objetos, lugares, ideas, emociones y conceptos. Los sustantivos son palabras que designan seres o cosas concretas o abstractas, y pueden funcionar como el núcleo de un sintagma nominal o como complemento de otras palabras en la oración. Los sustantivos pueden variar en género (masculino o femenino) y número (singular o plural) para adaptarse al contexto y concordar con otros elementos en la oración.

Por ejemplo, en la oración "El perro corre en el parque", "perro" es un sustantivo singular y masculino que designa a un animal, mientras que en la oración "Las flores son hermosas", "flores" es un sustantivo plural y femenino que nombra un conjunto de objetos.

Los sustantivos son esenciales en la comunicación, ya que nos permiten referirnos a personas, cosas o conceptos específicos, enriqueciendo nuestro vocabulario y facilitando la expresión de ideas.

El articulo:

El artículo es una categoría gramatical que se utiliza para acompañar al sustantivo y determinar su género (masculino o femenino) y número (singular o plural). Los artículos pueden ser definidos o indefinidos, y su función principal es marcada si el sustantivo al que acompañan es conocido o desconocido para el oyente o lector.

Los artículos definidos son "el" para sustantivos masculinos y "la" para sustantivos femeninos en singular, y "los" para sustantivos masculinos y "las" para sustantivos femeninos en plural. Estos artículos indican que el sustantivo al que acompañan se refiere a algo específico o conocido. Ejemplos: "el perro" (sustantivo masculino singular), "la casa" (sustantivo femenino singular), "los libros" (sustantivo masculino plural), "las flores" (sustantivo femenino plural).

Los artículos indefinidos son "un" para sustantivos masculinos y "una" para sustantivos femeninos en singular, y "unos" para sustantivos masculinos y "unas" para sustantivos femeninos en plural. Estos artículos indican que el sustantivo al que acompañan se refiere a algo no específico o desconocido. Ejemplos: "un libro" (sustantivo masculino singular), "una mesa" (sustantivo femenino singular), "unos niños" (sustantivo masculino plural), "unas flores" (sustantivo femenino plural).

Los artículos son esenciales en la construcción de oraciones, ya que ayudan a precisar y determinar el sustantivo al que acompañan, facilitando la comunicación y la comprensión del mensaje.

El adjetivo:

El adjetivo es una categoría gramatical que se utiliza para describir o calificar al sustantivo al que acompaña. Los adjetivos proporcionaron información adicional sobre las características, cualidades, propiedades o estados de los sustantivos, permitieron enriquecer y precisar la descripción de los objetos, personas o situaciones a los que se refieren.

Los adjetivos pueden variar en género (masculino o femenino) y número (singular o plural) para concordar con el sustantivo al que modifican. Por ejemplo, en la oración "El perro negro corre rápido", "negro" es un adjetivo que describe al sustantivo "perro", indicando que tiene el color negro. En otra oración, "Las flores bonitas adornan el jardín", "bonitas" es un adjetivo que califica al sustantivo "flores", expresando que son agradables a la vista.

Los adjetivos son elementos clave para enriquecer y matizar el lenguaje, ya que permiten dar detalles específicos y precisos sobre los objetos o personas mencionadas. Su uso adecuado contribuye a una comunicación más efectiva ya una mejor comprensión de los mensajes.

El pronombre:

El pronombre es una categoría gramatical que se utiliza para sustituir un sustantivo, impidiendo su repetición en una oración. Los pronombres son palabras que representan a personas, animales, objetos o conceptos ya previamente en el discurso, o que se sobreentienden en el contexto de la comunicación.

Existen diferentes tipos de pronombres personales (yo, tú, él, ella, nosotros, vosotros, ellos, ellas), pronombres posesivos (mío, tuyo, suyo, nuestro, vuestro, suyo), pronombres demostrativos (este, ese, aquel), pronombres relativos (que, quien, cuyo), pronombres interrogativos (qué, quién, cuál) y pronombres indefinidos (alguien, nada, algo, todo).

Por ejemplo:

1. "Juan es mi amigo. Él siempre me ayuda". En este caso, "él" es un pronombre que reemplaza a "Juan".
2. "¿Cuál es tu libro favorito?" Aquí, "cuál" es un pronombre interrogativo que se usa para preguntar sobre una opción específica.
3. "Las flores son bonitas. Estas son las que compré ayer." En esta oración, "estas" es un pronombre demostrativo que hace referencia a las flores mencionadas anteriormente.

Los pronombres son fundamentales en la construcción de oraciones, ya que permiten evitar la repetición necesaria de sustantivos y brindan mayor fluidez y claridad a la comunicación.

El verbo:

El verbo es una categoría gramatical fundamental que se utiliza para expresar acciones, estados, procesos o acontecimientos. Los verbos son palabras que indican lo que una persona, animal o cosa hace, siente o experimenta en una oración. Los verbos son el núcleo de la predicación y son esenciales para construir oraciones significativas y coherentes.

Existen diferentes tipos de verbos en español, como los verbos regulares, que siguen patrones de conjugación predecibles, y los verbos irregulares, que tienen formas de conjugación específicas y no siguen patrones regulares.

Ejemplos de verbos:

1. **Caminar:** "Yo camino todos los días al trabajo".

2. **Comer:** "Ellos comen pizza los fines de semana."

3. **Estudiar:** "Ella estudia para su examen de matemáticas."

4. **Ser:** "Tú eres muy inteligente".

5. **Tener:** "Nosotros tenemos una mascota en casa."

6. **Hablar:** "Vosotros habláis varios idiomas."

7. **Vivir:** "Ellos viven en una casa grande y bonita".

8. **Dormir:** "Yo duermo bien todas las noches".

9. **Cantar:** "Ella canta en un coro".

10. **Correr:** "Él corre rápido en la pista de atletismo."

Los verbos son esenciales para expresar acciones y estados en el lenguaje, y su correcta conjugación y uso permiten una comunicación efectiva y precisa.

El adverbio:

El adverbio es una categoría gramatical que se utiliza para modificar el significado del verbo, el adjetivo u otro adverbio en una oración. Los adverbios proporcionaron información adicional sobre cómo, cuándo, dónde, en qué medida o de qué manera ocurre una acción o suceso.

Existen diferentes tipos de adverbios, incluyendo adverbios de modo (bien, mal, rápidamente), adverbios de tiempo (ahora, luego, siempre), adverbios de lugar (aquí, allí, cerca), adverbios de cantidad (mucho, poco, demasiado), adverbios de sostenido (sí, seguramente) y adverbios de negación (no, nunca).

Ejemplos de adverbios:

1. **Rápidamente:** "El niño corrió rápidamente hacia su madre".

2. **Siempre:** "Mi hermana siempre llega temprano a la escuela."

3. **Aquí:** "Deja las llaves aquí, por favor."

4. **Mucho:** "Él estudió mucho para el examen."

5. **Sí:** "Ella respondió sí a la pregunta del profesor."

6. **No:** "El perro no quiere salir a pasear".

7. **certeza:** "El equipo sin duda ganó el partido."

8. **Mal**: "El niño se siente mal y está enfermo."
9. **Nunca**: "Mis padres nunca llegan tarde a casa".
10. **Cerca**: "La tienda está cerca de la estación de tren".

Los adverbios son importantes para matizar y precisar la información en una oración, requieren detalles adicionales que enriquecen el significado del discurso.

Las preposiciones:

Las preposiciones son una categoría gramatical en el idioma español que se utilizan para establecer relaciones espaciales, temporales o lógicas entre distintos elementos de una oración. Las preposiciones son palabras que enlazan un sustantivo, pronombre o grupo nominal con el resto de la oración, indicando la posición, dirección, origen, destino, modo, tiempo, causa o posesión de algo.

Ejemplos de preposiciones:

1. **Esta**: "El libro está en la mesa."
2. **Sobre**: "El gato está durmiendo sobre la cama."
3. **De**: "Es el coche de mi hermano."
4. **Con**: "Vamos al cine con nuestros amigos".
5. **Sin**: "Prefiero el café sin azúcar."
6. **Para**: "Compré un regalo para mi madre".
7. **Hasta**: "Caminamos hasta el final de la calle."
8. **Desde**: "Trabajo desde las 9 de la mañana."
9. **Durante**: "Estudiamos durante toda la noche."
10. **Entre**: "Elige entre estas dos opciones."

Las preposiciones son fundamentales para estructurar oraciones correctamente y establecer relaciones claras entre los elementos de la oración. Su correcto uso facilita la comprensión y la expresión en el idioma español.

La conjunción:

Las conjunciones son una categoría gramatical en el idioma español que se utilizan para conectar palabras, frases o cláusulas dentro de una oración, permitiendo establecer relaciones de coordinación o subordinación entre ellas. Las conjunciones son palabras que unen ideas, acciones o conceptos para formar una estructura más coherente y comprensible en el discurso.

Existen diferentes tipos de conjunciones en español, como las conjunciones coordinantes que unen elementos similares en una oración, y las conjunciones subordinantes que introducen cláusulas dependientes en relación con una cláusula principal.

Ejemplos de conjunciones coordinantes:

1. **Y:** "Juan y María fueron al cine".
2. **O:** "Puedes elegir el libro que quieras o la película que prefieras."
3. **Ni:** "No quiero café ni té".
4. **Pero:** "Estoy cansado, pero tengo que seguir trabajando."
5. **Sino:** "No es un niño, sino un joven".

Ejemplos de conjunciones subordinantes:

1. **Que:** "Creo que él vendrá a la fiesta."
2. **Porque:** "No salgo de casa porque hace mucho frío".
3. **Si:** "No sé si podré asistir al evento".

La interjección:

La interjección es una categoría gramatical en el idioma español que se utiliza para expresar emociones, sentimientos, sorpresa, asombro, exclamación, deseo o cualquier tipo de reacción espontánea o emotiva. Las interjecciones son palabras o expresiones breves que no tienen una función sintáctica clara en la oración, pero añaden un matiz emocional o expresivo a la comunicación.

Ejemplos de interjecciones:

1. **¡Sí!:** Expresa dolor, sorpresa o compasión. Ejemplo: "¡Ay! Me ha torcido el tobillo."
2. **¡Oh!:** Denota asombro, admiración o sorpresa. Ejemplo: "¡Oh! Qué bonito paisaje."
3. **¡Uf!:** Indica alivio, cansancio o desagrado. Ejemplo: "¡Uf! Estoy agotado."
4. **¡Bravo!:** Expresa aprobación o entusiasmo. Ejemplo: "¡Bravo! Excelente actuación".
5. **¡Hola!:** Saludo amistoso o cordial. Ejemplo: "¡Hola! ¿Cómo estás?"
6. **¡Guau!:** Expresión de asombro o sorpresa. Ejemplo: "¡Guau! Mira qué gran pastel."
7. **¡Buen provecho!:** Deseo de disfrutar una comida. Ejemplo: "¡Buen provecho! Que lo disfrutes."

Las interjecciones son importantes para darle énfasis y expresividad al lenguaje, permitiendo que los hablantes transmitan emociones y reacciones de forma rápida y directa en el idioma español.

CONCLUSION

E

n el mundo de la comunicación escrita, dominar la ortografía y la gramática es esencial para transmitir ideas de manera efectiva y precisa. A través de este libro, hemos recorrido un camino de conocimiento, desde los fundamentos básicos hasta temas más complejos, con el propósito de dotar a estudiantes de secundaria y universitarios de las herramientas necesarias para convertirse en comunicadores confiados y hábiles.

La ortografía y la gramática no son solo aspectos técnicos del lenguaje, sino también un reflejo de la dedicación y el respeto que tenemos por nuestra lengua materna. Al mejorar nuestras habilidades lingüísticas, no solo nos convertimos en mejores escritores y oradores, sino también en ciudadanos más informados y conscientes.

Espero que este libro haya sido una fuente enriquecedora de conocimiento y que haya abierto las puertas hacia un mayor dominio del lenguaje. La práctica constante y la curiosidad por seguir aprendiendo serán los pilares para continuar creciendo en este camino.

Agradezco a los lectores por acompañarme en esta travesía hacia la excelencia lingüística. Les deseo éxito en sus futuros proyectos de escritura y comunicación, y confío en que los conocimientos adquiridos en este libro serán una herramienta valiosa en cada paso que den.

¡Que la ortografía y la gramática nos sigan acompañando en el fascinante viaje del conocimiento!

"Si te ha gustado este libro, por favor deja tu reseña". De ese modo nos ayuda a seguir creciendo y mejorado.

Don't miss out!

Visit the website below and you can sign up to receive emails whenever Antonio Adames Abreu publishes a new book. There's no charge and no obligation.

https://books2read.com/r/B-A-HXXZ-THVMC

BOOKS2READ

Connecting independent readers to independent writers.

www.ingramcontent.com/pod-product-compliance
Lightning Source LLC
Chambersburg PA
CBHW050803160726

48004CB00002B/677